Eusebio Vela

La pérdida
de España

Barcelona **2024**
Linkgua-ediciones.com

Créditos

Título original: La pérdida de España.

© 2024, Red ediciones S.L.

e-mail: info@red-ediciones.com

Diseño de cubierta: Michel Mallard.

ISBN tapa dura: 978-84-1126-187-6.
ISBN rústica: 978-84-9816-164-9.
ISBN ebook: 978-84-9897-685-4.

Sumario

Brevísima presentación

La vida
Eusebio Vela (Toledo, 1688-1737). España.
Nació en España, fue a México con su hermano y se dedicó al teatro como empresario y autor.

Apostolado de las Indias es un drama histórico barroco basado en el martirio del joven Cristóbal, hijo del cacique de Tlaxcala. En esta obra Eusebio Vela introduce entre sus recursos escénicos batallas, terremotos y dragones creando una atmósfera épica y una trama trepidante.

Personajes

El rey don Rodrigo
Don Pelayo
El conde don Julián
El obispo don Opas
Tarif
Mahometo
Don Sancho
Almerique
Un pastor
Teodomiro
La reina Eliata
Florinda
Estrella, criada
La Cabezuda, vieja
Muza
Andali
Dos villanos
Laín, gracioso
Música y acompañamiento

Jornada primera

(Salón con trono. Tocan cajas y clarines, y se descubre el rey en su trono; a los lados el conde, don Pelayo, don Sancho y don Opas.)

Voces

¡El rey don Rodrigo, viva,
nuestro legítimo dueño!

Julián

Ya que a vuestro real mandato
todos los grandes del reino,
dejando nuestros estados,
hemos venido a Toledo,
corte pretoria de España,
por haber sido el asiento
regio de los reyes godos,
que es tronco antecesor vuestro,   10
procedido de los baltos
que siempre a godos rigieron:
a vuestras plantas reales
tenéis, señor, el primero
al conde don Julián.

Pelayo

Y si yo merecer puedo
ser el segundo, en tal dicha
consigo lo que deseo,
pues sin segundo en serviros
soy, cuando el segundo llego.   20

Rey

Primo Pelayo, a mis brazos
llegad.

Pelayo

      Estoy como debo,
pues vuestro vasallo soy
y como a rey os venero.

Sancho	Merezca yo vuestra mano.
Rey	Alzad, don Sancho, del suelo.
Opas (Aparte.)	(¡Que sea fuerza que me postre a otro que a los herederos de mi señor Witiza! Mas es forzoso ahora esto:) 30 A vuestras plantas...
Rey	Alzad, que es requisito muy necio que el pastor haga a una oveja tan impropio acatamiento.
Julián	¿A qué, gran señor, nos llamas?; que obedientes, como atentos, nos tienes.
Rey	Pues escuchad, que ya a decíroslo empiezo, mas forzoso es acordaros (aunque lo sabéis) primero 40 mi origen, y los insultos de Flavio Witiza, fiero antecesor mío, porque, acordándolos, pretendo incitaros a mi auxilio, al explicar el derecho con que ocupo aqueste trono; pues desciendo de aquellos ilustres baltos, a quien visigodos eligieron 50

para que los gobernasen
cuando de Gocia salieron
a extenderse por el orbe,
bien con enjambres diversos
de abejas que el hueco corcho
abandonan por estrecho,
buscando en mayores troncos
más capaz alojamiento
para armar sus oficinas,
extendiendo más su gremio.   60
De aquellos, pues, que Alejandro
Magno no quiso con ellos
aventurar su fortuna;
y tuvo a prudente acuerdo
Julio César no irritarlos;
Pirro rey de Epiro excelso,
los temió; César Augusto
procuró con suaves medios
no enojarlos, porque no
le perturbaran su imperio.   70
De aquellos que divididos
en dos valerosos cuerpos
alcanzaron el blasón
del águila, cuyo cuello,
dividido en dos cabezas,
miraba a polos opuestos,
y abrazaba con sus garras
a los dos polos a un tiempo,
que conserva hasta hoy España
en las armas del imperio.   80
En fin, de aquellos que aun antes
de conocer el supremo
Dios y Hombre Jesucristo,
Redentor y Señor Nuestro,

adoraron a un Autor
Criador de tierra y cielo,
que aunque entendieron que otros
había, siempre creyeron
una causa de las causas,
de quien las demás pendieron, 90
siendo tan fieles a él
que al oír sonar los truenos,
entendiendo que los dioses
se trababan, compitiendo
unos con otros, osados
a la defensa acudiendo
del suyo, armando los arcos
tiraban flechas al cielo.
Si tan constantes los godos
siempre al que adoraron fueron, 100
¿cómo era factible, cómo,
que, adorando y conociendo
ahora al verdadero Dios,
consintieran con el cetro
a quien, después de subir
contra razón y derecho
al regio solio, negó
al sucesor de san Pedro
y vice-Dios en su Iglesia
la obediencia, concediendo 110
vil libertad de conciencia
para honestar sus excesos,
y mandando (¡grande error!)
contra el divino precepto
que se casasen también
los eclesiásticos, siendo
sacerdotes (¡qué insolencia!)
permitiéndoles, a ejemplo

de la secta mahometana,
concubinas? Y sabiendo   120
Constantino Papa aquella
desorden contra el decreto
de Dios, le envió a decir
le privaría del reino
si no derogaba aquella
ley; a lo que el rey, blasfemo,
respondió que ya se estaba
aprestando y disponiendo
para ir sobre Roma, como
su antecesor lo había hecho,   130
Alarico, y despojarla.
De estos malvados efectos
resultó promulgar bandos
que nadie fuera resuelto
a dar obediencia al Papa,
pena de muerte; y el pueblo
(aunque malicia y lisonja
tan vil ley obedecieron)
murmuraba de aquel bando,
culpando sus desaciertos;   140
como el pueblo siempre ha sido
el más ajustado freno
que detiene a los monarcas,
aquesta opresión sintiendo,
hizo deshacer las armas,
forjando de ellas los hierros
de los arados y azadas
y campestres instrumentos,
arrasando las murallas,
para que armas no teniendo   150
ni fuerza que los guardase,
no se atreviesen resueltos

a levantarse contra él,
teniéndolos indefensos;
con esto logró más bien
sus depravados deseos,
y temeroso de que
a mi padre Teodofredo
apellidasen por rey,
hizo le sacasen fiero   160
los ojos (que, retirado,
su tiranía temiendo,
estaba en Córdoba, sin
aspirar a su derecho):
y a Favila, vuestro padre,
noble Pelayo, heredero
segundo de la corona,
que le estaba leal sirviendo
de capitán de la guardia,
atosigó con veneno;   170
y a nosotros, que sin duda
nos reserva Dios inmenso
para su altos arcanos,
pretendiendo hacer lo mesmo
nos libró de su crueldad,
guardando para instrumento
de su justicia mi brazo,
pues de su rigor huyendo
como vos de la Cantabria
os amparasteis, yo llego   180
a guarecerme de Roma,
y los romanos vinieron
en mi auxilio contra el cruel
Witiza; y con mis deudos,
mis amigos y parciales,
le prendí, e hice al momento

que le sacasen los ojos,
como con mi padre había hecho.
Esto acordado, entra ahora,
porque no tengáis recelo   190
de mi valor, el deciros
cómo he sabido de cierto
que Sisebuto y Ebari,
hijos de aquel monstruo horrendo,
a ampararse de los moros
han ido, y aunque no temo
a esos bárbaros, conozco
nos hallamos indefensos,
sin armas y sin murallas
donde poder defendernos   200
si en nuestra contra se mueven;
y no dejarán de hacerlo,
pues no hay duda de que habrán
algunos que hay en mi reino
dádoles cuenta de todo,
como enemigos caseros,
que saben cómo dejó
Witiza aqueste reino:
y así, deudos y vasallos,
saber prevenir los riesgos   210
no es flaqueza, que es prudencia
de los varones discretos.
Mas para evitar el daño,
lo que yo tengo dispuesto
es que el conde don Julián
vaya a templar su ardimiento
con una embajada mía
y un presente de gran precio,
pues sabemos que los moros
son llevados mucho de esto,   220

y reedificar en tanto
murallas, e ir resarciendo
armas, tropas, y de guerra
los necesarios pertrechos,
para poder resistirles;
y cuando no tenga efecto,
armas será la razón,
murallas serán los pechos,
revellines el valor,
cortaduras el esfuerzo;   230
pues no hay armas ni murallas,
revellines ni pertrechos,
como el valor, la osadía,
la razón y el noble esfuerzo;
que a quien el valor le sobra
no hace falta nada de esto.
Aqueste es mi parecer,
ahora declarad el vuestro.

Julián   Quien no ignora, gran Rodrigo,
todo lo que habéis propuesto,   240
¿cómo podrá no abrazar
tan sano y prudente acuerdo?
Y pues a mí me elegís
para la embajada, ofrezco
allanar vuestro designio
apagando el voraz fuego
que hubiese Ebari encendido
con Sisebuto en sus pechos.

Opas (Aparte.)   (¡Oh, quién pudiera estorbar
que atajasen el incendio!,   250
pues movido el mahometano
a ampararlos, lograr puedo

ver otra vez en el trono
al legítimo heredero
de mi señor Witiza,
a quien debí tan inmensos
favores, por ser quien siempre
aprobaba sus intentos;
bien que aquesto no se sabe
por haber sido en secreto   260
las consultas.)

Pelayo   ¿Quién podrá
buscar más prudente medio
cuando están los españoles,
faltándoles el manejo
de las armas, olvidados
tanto del marcial empleo,
que los más no habrán tomado
jamás en su mano acero?
Pues aunque el valor los haga
saber arrojarse al riesgo,   270
pues la inclinación es fuerza
que haga en todos este efecto,
el saber salir bien de él
es de quien pende el trofeo,
que no se consigue el triunfo
en morir con noble esfuerzo,
sino con saber guardarse
y ofender, pues pende en esto
el vencer, sin ser vencido;
fuera de esto, no tenemos   280
armas ni caballos, pues
aunque España es hemisferio
que cría los más veloces,
más ágiles y resueltos,

están ocupados todos
en la labranza, y los nuestros
están en la escaramuza
torpes, dados al paseo
de calle, que hasta los brutos
en el ocio mucho tiempo   290
se entorpecen en lo que es
heredado en todos ellos
de inclinación natural.
¿Pues cómo no creeremos
que en los racionales haya
este propio efecto hecho?
Aqueste es mi parecer
conformado con el vuestro,
y no por eso me excuso
de ser yo siempre el primero   300
que, haciendo gala el peligro
y menospreciando el riesgo,
me arroje entre los alfanjes
damasquinos, dando ejemplo
a todos los españoles
de que mueran como buenos.

Sancho   Mi dictamen se conforma
con el de los dos, y creo
que bastantes muestras di,
vuestra causa defendiendo   310
contra Witiza, de que
no seré en la ocasión menos.

Opas   Aunque no me toca hablar
en materias de gobierno
militar, no me ha dejado
de admirar vuestro recelo.

18

Con bárbaros que pelean
sin doctrina ni concierto,
¿quién creerá que los más nobles
de España estén confiriendo   320
cómo excusar combatir
con bárbaros sarracenos,
enemigos de la fe
de Cristo?

(Aparte.)   (Con esto honesto
mi intención.)

Julián   Don Opas, no es
temor recelar atentos
aventurar la victoria.

Opas   Mas no es fiar de sí eso.

Pelayo   Desconfiar de las tropas
no es no fiar de sí mesmos.   330

Opas   Pues todos son españoles,
quien desconfía de aquéllos
es agraviarse a sí propio.

Sancho   Todos los que hemos resuelto
acuerdo tan acertado,
toca que miremos cuerdos
los riesgos, no temerarios,
pues que pende el bien del reino
de una consulta, y no es bien
que en aquesta aventuremos   340
por llevarse del valor
de todo el reino el sosiego;
pues cuando antes era oficio

el combatir, en los nuestros
es arte ahora que ignoran;
olvidados del manejo
de las armas, ocupados
en los rústicos empleos
del campo, y en las delicias
los ciudadanos de juegos,   350
saraos, fiestas y banquetes,
no podrán llevar el recio
trabajo de la campaña,
rindiéndose al Sol y al hielo,
por no estar acostumbrados
al marcial afán inmenso.

Opas   Si hubiera habido al principio
tan prudentes consejeros,
nunca hubieran conseguido
tantas victorias los nuestros.   360

Rey   Basta ya, don Opas, basta
porque es del estado vuestro,
más que irritar a la lid
desenojar con el ruego,
y con la oración a Dios,
irritado de los yerros
de Witiza, y de los que
en los vicios le siguieron:
es general en España
la seca, y aun va prendiendo   370
peste en muchas poblaciones.
¿Pues cómo, si conocemos
el que Dios está agraviado,
de valor blasonaremos?
Si los triunfos que lograron

los godos en aquel tiempo
fue porque los eligió
Dios para suyos, y el cielo
peleaba en su favor,
y ahora con razón podemos   380
temer que nos desampare;
pues aunque manso cordero
ha sufrido otras injurias
de otros reyes de este imperio,
no faltaron a la fe
que es el principal cimiento
que mantuvo este edificio
gótico tan largo tiempo;
pero habiendo éste flaqueado
de Witiza en el gobierno,   390
podemos temer su ira,
y así lo que está dispuesto
es lo acertado. Partíos,
conde don Julián, de presto,
y vos haced que se hagan
al punto en todo mi reino
rogativas porque aplaque
su ira el Señor, pues esto
es lo que os toca, mas no
provocar el ardimiento.   400

(Vanse.)

(Cajas y clarines, y voces dentro.)

Voces   ¡El rey don Rodrigo viva,
                 nuestro legítimo dueño!

Opas   ¿Es posible que he podido

escuchar en mi desprecio
tal desaire de este ingrato
rey, cuando estaba hecho
a experimentar favores
continuados de mi dueño
Witiza?, ¿cuando el odio
es tan grande y tan inmenso   410
que tengo a aqueste tirano
que no me cabe en el pecho?
¿Despreciando por inútil
mi parecer, a oír llego
que más me toca rezar
que incitar el ardimiento?
Si esta ropa es la ocasión
de ajar mi altivo denuedo,
yo la arrojaré de mí,
trocándola al lucimiento   420
africano, para dar
a entender a este soberbio
que más que con la doctrina
reduzco con el acero;
pero oculto este designio
guardaré hasta mejor tiempo,
procurando adelantar
en tanto a los malcontentos,
hasta que reviente este
volcán que abrigo en el centro   430
del abismo que recato,
asolando y destruyendo
a toda esta monarquía
con el fuego de mi aliento.

(Vase.)

(Salón corto. Salen Florinda, Laín y Estrella.)

Laín   Digo, señora, que ha sido
                del rey llamado, y no fue
                posible venir porque
                le habrá quizá detenido.

Estrella   No le creas, porque éste
                le ha de encubrir sus deslices.   440

Laín   ¿Oiga lo tuyo me dices?

Estrella   ¡Ah, taimado!, mala peste
                te coma.

Florinda   Cuando entendía
                hoy hablarle sin cuidado,
                porque, mi padre ocupado
                con el rey, libre podría
                gozar el verle sin susto,
                ¿menospreció esta ocasión?
                No tiene Sancho razón
                en no darme aqueste gusto.   450

Laín   Señora, ¿no consideras
                que a todas estas consultas
                asiste?, ¿qué dificultas,
                cuando te adora?

Estrella   ¿De veras?

Laín   Como tú eres maliciosa,
                juzgas por tu corazón
                el ajeno, sin razón,

que ya yo sé que tú...

Estrella   ¡Ay, cosa!

Florinda   Desde que vine a Toledo
                  con mi padre, y en palacio   460
                  estoy, solo ahora despacio
                  y sin susto hablarle puedo.

Laín   Él vendrá luego al instante
                  que despache, y si no viene
                  será porque le detiene
                  en algún paso importante;
                  mas con tu padre ha llegado
                  el rey don Rodrigo.

Estrella   Mira
                  si es lo que dices mentira,
                  de que le tiene ocupado.   470

Florinda   Muriendo de pena, cielos,
                  estoy de que me engañara,
                  que es mi condición tan rara
                  que ya me abraso de celos,
                  sin saber de quién los pida.
                  ¿Que el rey le detiene, enviarme
                  a decir?, ¿a mí engañarme?
                  De quererle estoy corrida.

(Salen el rey y el conde don Julián.)

Julián   Esta, señor, es mi hija
                  Florinda y vuestra criada,   480
                  que la traje porque viera

24

la corte.

Rey (Aparte.)   (¡Mujer gallarda!)

Florinda   A vuestros pies... yo... si... cuando.

Rey   Alzad, señora.

Florinda   Turbada
he quedado al ver al rey.

(Aparte.)   ¿Corazón, de qué te espantas?)

Julián   Sosiégate, hija, que el rey
mi señor, que nos ensalza,
no debe asustarse.

Florinda   No
es susto, sino admirada   490
suspéndeme su grandeza.

Rey (Aparte.)   (Sin poder templar mis ansias,
bebiendo está su hermosura
hidrópicamente el alma
por los ojos, sin que pueda
saciar la sed que me abrasa.)
¿Esta es vuestra hija, conde?

Julián   Sí, señor.

Florinda   Y vuestra esclava.

Rey (Aparte.)   (Señora de mi albedrío.)
Razón tenéis de estimarla,   500
que es hermosa.

Florinda   Gran señor,
a tan buena luz mirada,
adquiero ese lucimiento.

Rey   A las vuestras se declara.

Julián   En honrarnos, gran señor,
os esmeráis.

Rey   ¿Hospedada
está en palacio?

Julián   ¿No os dije,
señor, cuando a verla entrabais,
que estaba en esta vivienda
de las vuestras retirada?   510
¿Dónde pudieran vivir
las criadas sino en casa
del señor?

Rey   Tenéis razón,
pero ya no me acordaba.
(Aparte.)   (Mejor será que me aparte
del despeño que me arrastra;
no han de poder sus luceros
deslumbrar a mi constancia.)
Vamos, conde.

Julián   Ya, señor,
os sigo.
(Aparte.)   (¡Novedad rara!)   520

Florinda (Aparte.)   (¡Que se vaya de esta suerte

sin despedirse, me espanta!)
El cielo, señor, os guarde.

Rey (Aparte.)   (¡Que la volviera la espalda,
y sin despedirme de ella!)
¿Os quedáis?

Florinda   Y avergonzada,
pues os vais de aquesta suerte.

Rey   Tenéis razón: mas pensaba
(Aparte.)   (¿qué diré?) que os había dicho
que vinierais a otra estancia   530
más decente
(Aparte.)   (que es mi pecho)
donde estéis aposentada.

Julián (Aparte.) (Confuso sin duda está,
discurriendo en la embajada.)

Florinda   Cualquiera estancia que sea,
señor, de vuestra real casa,
será para mi humildad
el más superior alcázar.
(Aparte.)   (No sé de estas confusiones
qué imagine.)

Julián   Pues lo manda   540
su majestad, vamos, hija.

Rey   Mejor es aderezarla
primero.
(Aparte.)   (¡Huyo del fuego
y he de ir metido en las brasas!)

27

Julián	Pues quédate.
Florinda	Ya obedezco.
Rey	¿Os quedáis?
Laín (Aparte.)	(¿Es zarabanda?)
Florinda	¿Pues no lo mandáis?
Rey	¿Qué es esto? Adiós, pues.

(Vase.)

Florinda	Él con vos vaya.
Julián	Hija, adiós, porque me envía el rey con una embajada 550 al rey Miramamolín.
Florinda	Si es fuerza, señor, que vayáis, será preciso también que prevenga mi jornada para volver con mi madre.
Julián	No, hija mía, a llamarla he enviado; además, que es costumbre continuada que en los palacios se hospeden de nuestros reyes de España 560 las hijas y las mujeres de los que a servirlos vayan.

Laín (Aparte.)	(Eso sí: que ya diviso uno que hacia allí se alarga, colgado de las orejas, para notar que dejara con rey soltero en palacio el conde, a su hija y muchacha.)
Florinda	Pues siendo así, Dios, señor, os lleve con bien, y os traiga. 570
Julián	Dame un abrazo, y adiós, que ha mucho que el rey me aguarda.
(Vase.)	
Florinda	Válgame Dios, ¿qué de dudas mi imaginación asaltan?
Laín	¿Ves, señora, cómo estuvo mi amo ocupado?
Florinda (Aparte.)	(Qué extraña novedad sería que el rey...)
Laín	Sí, él te llama.
Florinda	¿Con quién hablas?
Laín	Contigo; ¿pues no me escuchas?
Florinda	No, por cierto.
Laín	No me espanta; 580

porque estarías pensando
si acaso ocupado estaba
mi amo con el rey.

Estrella   No hay duda.

Florinda   Bien distante de él pensaba.

Estrella   ¿Y ahora, cómo no viene?

Laín   Eso no sé.

Estrella   Pues extraña
cosa es que tú no lo sepas.

Laín   Pues di por qué, Estrella clara.

Estrella   Porque es fuerza que tú sepas
en los malos pasos que anda,   590
porque sabes de qué pie
cojea.

Laín   Mientes, borracha.

Florinda   Idos y dejadme sola,
que esa altercación me cansa.

Estrella   Sal afuera.

Laín   Tú lo eres.

Estrella   Corre, ve y dile si acaba
con el despacho.

Laín	No soy
	correveidile, taimada.

(Vanse.)

Florinda	No sé, ¡ay de mí!, qué imagine	
	de contradicciones tantas.	600
	El rey, al verme, primero	
	suspendido, de extremada	
	loar mi hermosura, y luego	
	sin despedirse la espalda	
	volverme, y después cortés	
	cuando en tal acción repara,	
	disculparse con razones	
	atentas, mas sin sustancia.	
	Decir que vaya con él,	
	y después en encontradas	610
	razones decir que no,	
	¿qué puede ser? ¿Mas qué extraña	
	mi discurso no entender	
	de estos efectos la causa,	
	si aun lo que dentro de mí	
	sentí, al mirarle, no alcanza?	
	¿Si mi turbación sería	
	de respeto o de admirada?	
	Mas el respeto no estorba	
	el aliento a las palabras,	620
	y la admiración suspende,	
	confunde, admira y embarga.	
	¿Luego fue admiración? Sí.	
	¿Y qué la admiración causa?	
	¿Mirar al rey? No, por cierto,	
	pues le hallé, como juzgaba,	
	hombre cortés y apacible;	

la majestad humanada
me habló. ¿Pues si es hombre, cielos,
cómo me turba y me pasma? 630
¿La majestad no me admira,
y me suspende y me encanta
un hombre? Sí; porque un hombre
en quien se mira ajustada
la majestad sin violencia,
el respeto con templanza,
la gravedad sin ficción,
el agasajo sin que haga
falta a la soberanía,
que se haga comunicada, 640
es fuerza que admire más
hombre de prendas tan altas,
que la majestad de rey
le viene a la suya escasa;
pues como en otros se advierte
que no hay sujeto en que caigan
los puestos o dignidades,
para don Rodrigo faltan
imperios; para su imperio,
grandeza a grandeza tanta; 650
pues siendo esto así, qué mucho
que yo de ver me admirara
un hombre quien la grandeza
de rey a su vista es nada,
y qué mucho que confusa

(Música.) ahora...

(Sale don Sancho.)

Sancho   Florinda adorada,
ya la fortuna ha querido

	después de ser tan contraria	
	que pueda venirte a ver,	
	a costa de tantas ansias.	660

Florinda   Bien excusarlo pudierais.

Sancho   ¿Por qué?

Florinda
                 Porque, quien se tarda
para conseguir favores
pierde la ocasión, y falta
cuando los quiere lograr
fortuna para lograrla.

Sancho   No entiendo, ¿por qué lo dices?

Florinda   Pues escucha; pero aguarda.

Música
    Tiempo, lugar y ventura,
muchos hay que la han tenido;   670
pero pocos han sabido
gozar de la coyuntura.

Florinda   ¿Quién canta?

Sancho
                   Dos damas son,
que como tan cerca está
su habitación, hasta acá
llegan por aquel balcón
las voces; ¿pero el capricho
que no entiendo, proseguir
puedes?

Florinda
               Ya no hay qué decir.

Sancho	¿Por qué?
Florinda	Porque ellas lo han dicho.
Sancho (Aparte.)	¿Qué han dicho? (Con dudas lucha mi corazón confundido.)
Florinda	¿Pues, qué no le has entendido?
Sancho	No le entendí.
Florinda	Pues escucha.
Música	Tiempo, lugar y ventura, muchos hay que la han tenido; pero pocos han sabido gozar de la coyuntura.
Sancho	Ya que propósito ha sido cuando dice su locura:
Música	Tiempo, lugar y ventura muchos hay que la han tenido
Florinda	No es locura, que es cordura, si oyes que dice el sentido:
Música	Pero pocos han sabido gozar de la coyuntura.
Sancho	Eso habla con quien no sabe, cuando coyuntura tiene,

680

690

gozarla; pero yo supe,
y me embarazó la suerte
lograrla.

Florinda
       Y pues ése ha sido
el sentido que contiene
la letra.

Sancho
No la entendiste.

Florinda
Tú eres el que no la entiende.

Sancho
¿Pues no escuchas cómo dice?

Florinda
¿Pues cómo, explica, no entiendes?

Música
Tiempo, lugar y ventura.

Sancho
¿Y a mí, me ha faltado ese
tiempo?

Florinda
      Pero prosigue
si bien su concepto infieres.

Ella y música
Muchos hay que la han tenido.

Sancho
Si a mí me falta de verte
el tiempo, y aun la ventura,
¿a qué propósito viene?

Él y música
Pero pocos han sabido.

Florinda
Lo dicen por los que pueden

Ella y música	Gozar de la coyuntura.
Sancho	Luego aquí al caso no viene, pues para esa coyuntura me quita el rey para verte 720
Él y música	Tiempo, lugar y ventura.
Florinda	Desgracia de aquesa especie, muchos hay que la han tenido.
Sancho	Muchos hay que la padecen, pero pocos han sabido.
Florinda	El que sabe es quien supiere gozar de la coyuntura.
Sancho	¿Luego él me la embebece?
Florinda	Pues de tu suerte te queja, pero no de mí te quejes. 730
Sancho	Yo no me quejo de ti.
Florinda	Será en balde si lo hicieres.
Sancho	¿Pues por qué?
Florinda	Porque ya es tarde.
Sancho	No es tarde para quien viene con dicha.
Florinda	Si fuera buena.

Sancho	¿No es buena dicha quererte?
Florinda	No lo sé, tú lo sabrás.
Sancho	Ya lo sé.

(Sale Estrella.)

Estrella	El rey entra a verte.
Sancho	¡Qué poco debo a mi estrella!, ¿pues ya te ha visto?
Estrella	Patente.

740

Sancho	¡Ay de mí!
Florinda	¿Pues qué recelas?
Sancho	El peligro que ya tiene el corazón asustado.
Estrella	Y con razón me parece.
Sancho	Pero adiós, que no quisiera que de hallarme aquí sospeche algo en contra de tu fama. Yo vendré a satisfacerte.

(Vase.)

Florinda	Anda con Dios, que no sabes el gusto que me concedes.

750

(Sale el rey.)

Rey (Aparte.)

(Sin que pueda resistirme,
el amor mis pasos mueve
al incendio en que me abraso
cual mariposa inocente;
mas ya he entrado, y me he helado
viendo sus rayos ardientes.)

Florinda (Aparte.)

(Segunda vez asustado,
duda el corazón al verle.)

Rey

¡Qué letargo!...

Florinda

¡Qué temor!...

Rey

¡Me ha embargado!

Florinda

¡Me suspende!   760

Rey

¿Mas qué dudo?

Florinda

¿Mas qué temo?

Rey

Si el destino...

Florinda

Si mi suerte...

Rey

Me influye a amar su hermosura.

Florinda

Propicia me favorece.

Estrella (Aparte.)

(¿A qué habrá venido el rey,

sabrán decírmelo ustedes?)

Florinda

Gran señor, ¿pues qué fortuna
favorable me concede
duplicados los favores?

Rey

¡Oh, cuánto estimo que fueses   770
quien de tantas confusiones
el torpe lazo rompiese
que con prisiones de hielo
ligaba con nudos fuertes
la lengua, sin que pudiera
para explicarme moverse!

Florinda

¡Con cuánta mayor razón
pudiera más justamente
decir eso una vasalla
teniendo a su rey presente!   780

Rey

Mayor imperio es el vuestro,
pues domináis en los reyes:
luego, con más causa pude
yo a esa vista suspenderme.

Florinda

No corráis a la que apenas
ser vuestra esclava merece.

(Aparte.)

(Industria mía, logremos
lo que la ocasión ofrece.)

Rey

Que no merece, no hay duda,
ser esclava la que adquiere   790
ser reina del albedrío.

Estrella

¡Oiga el diablo!, que la quiere.

Florinda	Señor, vuestra majestad
	advierta antes que se empeñe,
	que es mi rey, yo su vasalla,
	que tantos timbres contiene
	de nobleza en su familia
	por sus claros ascendientes,
	que soy mucho para dama,
	aunque para reina fuese
	poco: conque así, señor,
	mirad.

800

Rey   Si ya dueña eres
de mi alma, ¿cómo dudas
que lo menos no te entregue,
que es la mano y la corona?

Florinda   Ya vencí: ved que ser puede,
señor, aquese apetito
y, que conseguido os pese;
advierta tu majestad
que ése es deseo impaciente
de llegar a conseguir
un momentáneo deleite,
tanto que lo que durar
después de logrado puede,
es el arrepentimiento
de llegar unido a verse
con una vasalla suya.

810

Rey   Más tus razones me encienden:
¿yo arrepentirme de ser
esposo rendido siempre
de esa deidad? ¿Cómo dudas

820

de aquesas luces celestes,
que no influyan más amor
mientras más se consiguieren?
Tan imposible es que falte
en mi amor, como que deje
ese lucido blandón
que alumbra desde el oriente,
de seguir hasta el ocaso
la carrera que anda siempre;   830
antes faltará en la Luna
los menguantes y crecientes;
antes faltará en el mar
la república de peces;
faltará en la tierra flores
y fieras en los agrestes
montes; pero poco es esto,
antes faltará de aquese
rostro divino, hermosura,
que yo de adorarte deje.   840

Florinda   ¿Pues cómo quieres que crea
que pueda en tiempo tan breve
fundar cimientos amor
que no derribe el más leve
acaso?

Rey   No tiene tiempo
amor, que con flechas hiere,
y en lo que vibra se funda
de una cuerda solamente,
el tiempo de que traspase
el alma, aun al más rebelde.   850

(Sale Laín. Al paño.)

Laín	A ver si se ha ido el rey, por si puedo hablar a Estrella, hacia esta parte he venido; pero deteneos, piernas.
Florinda	¿Y cómo queréis que pueda yo, gran señor, atreverme a trataros como esposo, siendo vasalla?
Rey	¿Eso temes? ¿No te hizo el amor señora del albedrío?; pues puedes tratarme no como a esposo, pues en mí dominio tienes, sino como dueño mío.
Florinda	Señor...
Rey	Ya es tiempo que dejes el «señor», Florinda bella.
Florinda	Vuestra majestad...
Rey	¡Ah, pese a la majestad si estorba a tu trato amante!
Estrella	Tiene razón, señora; de veras que ya yo estoy de tal suerte de oír a su majestad tan tratable, que atreverme

860

870

	pudiera a hablarle de vos	
	si acaso lo permitieses.	

Laín
De ti lo creo, taimada:
¡ah, mal haya las mujeres!

Florinda
No era menester que tú,
Estrella, me convencieres
cuando de otra ya influida.

(Aparte.)
(Mas declarar no es decente 880
lo que siento; basta.)

Estrella
               Di.

(Vase.)

Florinda
Que lo sufra quien lo siente.

Laín
Miren, y qué presto ya
sabe irse con la corriente.

(Vase.)

Rey
¡Qué escucho! ¿Es posible que
he logrado que influyese
amor en tu corazón,
cariño con que me premies?

Florinda
Tanto, que si como sois
hoy rey, un villano fueseis, 890
por ser vuestra esposa, ajara
los timbres que me ennoblecen.

Rey
Pues si tú hicieras fineza

tal con quien no lo merece,
¿qué haré yo en subir al solio
a quien merecía verse
señora de más imperios
que todo el orbe contiene?

Florinda	Pues, señor, ya que conoces
Rey	Deja el «señor», que me ofendes.

900

Florinda	Pues ya que conoces que
	me correspondes, hacedme
	un favor.
Rey	Di lo que gustas,
	pues es deuda obedecerte.
Florinda	Que hasta que mi padre sepa
	esta honra que me concede
	la fortuna favorable,
	no habéis de dar la más leve
	nota, ni entrar en mi cuarto.
Rey	Mucho me pides, mas ése

910

es escrúpulo excusado,
si has de ser mi esposa.

Florinda	Este
	favor sobre tantas honras,
	gran señor, he de deberte.
Rey	¿Pues cómo quieres que pueda
	yo, mi bien, vivir sin verte?

Florinda	¿No me queréis para esposa?
Rey	Y para mi dueño hacerte.
Florinda	¿Pues cómo queréis, señor,
	dar ocasión que se piense 920
	de la esposa que elegís
	que pudo frágil vencerse
	al amor o a la porfía,
	que es cosa, que aun en mujeres
	particulares no deja
	de ser escrúpulo éste,
	tal que después de casados
	desdora si no envilece?
Rey	A tan prudente razones
	no tengo qué responderte. 930
Florinda (Aparte.)	(Y con eso me aseguro
	de que otras en mí escarmienten,
	como yo escarmiento en otras;
	y me libro de esta suerte
	de sentir lo que ellas lloran,
	por destino de la suerte.)
	Empiece vuestra grandeza
	esa honra con volverse
	a su estancia, por no dar
	lugar a que se sospeche. 940
Rey	Pues merezca antes que el labio
	estampe en la tersa nieve
	de esa mano.
Florinda	Eso es querer

perder conmigo el prudente
concepto con que me habíais
ya cautivado dos veces.

Rey

Ya más con esa constancia
me enamoras y me prendes.

Florinda

Idos, señor.

Rey

¿Ya me arrojas
de ti? Mira, ingrata eres.   950

Florinda

Más ingrata soy conmigo,
puesto que el honor me mueve
a ampararme de quien amo.

Rey

Pues sabiendo que me quieres,
no muera de aborrecido
y más que padezca ausente:
adiós, pues, bello prodigio.

Florinda

Él con bien os lleve, y lleve
mi corazón con el vuestro.

Rey

Es pedir que en vos se quede.   960

Florinda

¿Por qué?

Rey

Porque si ha de estar
con el mío, que ya tiene
su centro en vuestra belleza,
con vos se ha de quedar siempre.

Florinda

Siendo así, cierto es que esté

	bien hallado con tal huésped.	
Rey	El hado así lo disponga.	
Florinda y galán	Dispóngalo así la suerte, por que no vivan distantes dos amantes que se quieren.	970

Fin de la primera jornada

Jornada segunda

(Salen don Sancho y Laín.)

Sancho	Yo estoy muriendo, Laín.
Laín	Pues vete a acostar, señor. Iré a llamar al doctor, tendrás a la moda fin.
Sancho	¡Que el rey a quien tan leal serví me pagase así, que de Florinda (¡ay de mí!) me privase! (¡Fiero mal!)
Laín	Consuélate en tu quebranto con los que lo mismo pasa, porque en Toledo no hay casa que de él no sienta otro tanto.
Sancho	Y después (¡desdicha mía!) que con Zara mitigado sentía el dolor pasado, con que el pesar resistía, por más tremendo castigo con ella se casó.
Laín	Sí, y si me quisiera a mí aun se casara conmigo; pero tú la culpa tienes, que si hicieras lo que ha hecho Florinda, que con despecho, viendo perdidos sus bienes,

10

20

luego se despareció,
pues aquí, según parece,
te puedo asegurar yo
que con ella consolara
el desaire de Eliata,
y muera también quien mata   30
y así vengado quedaras.

Sancho   Bárbaro, infame, villano,
                  ¿a mí me aconsejas tal?
                  ¿Yo faltar a ser leal?

Laín   ¡Ah!, señor, detén la mano,
                  que no pensando ofenderte
                  se me fue aquella razón,
                  y ya se fue quien la dijo.

Sancho   Más siento que mi valor,
                  que el rey falte a ser quien es,   40
                  ofendiendo tanto a Dios,
                  pues encenagado en vicios
                  puede temer el atroz
                  castigo de su justicia
                  toda España.

Laín   Buen sermón:
                  sin duda que estás ya santo,
                  pues te haces predicador.

Sancho   Aunque mal cristiano, Laín,
                  soy católico, y por Dios,
                  por mi rey y por mi ley   50
                  daré la vida en rigor.

Laín	Pues que tan conforme estás,
	bien puedes sufrir, señor,
	con paciencia las flaquezas
	de nuestros prójimos.
Sancho	¿No
	es el rey el que a esta sala
	sale?
Laín	El propio pecador
	es que te hace merecer:
	llévalo en amor de Dios.
Sancho	Y también viene con él 60
	la corte; ¿qué prevención
	será ésta?
Laín	Ello dirá
	la historia, plena a renglón.

(Salón regio. Salen el rey, don Opas, don Pelayo, Almerique, la reina Eliata y Estrella. Salón con el trono.)

Rey	Corte y nobleza de España,
	vasallos, deudos y amigos,
	a todos comunicaros
	quiero el cuidado en que vivo.
	Después que Florinda falta
	de mis reinos y dominios,
	y se sabe que ha pasado 70
	a la África, el designio,
	aunque todos los ignoráis,
	os diré en lo que imagino:
	y es que como en mi palacio

la trataba con cariño,
por los méritos del conde
y lo bien que me ha servido,
he imaginado que ella
sin duda creyó que el mismo
agasajo que le hacía,   80
por lo que ya llevo dicho,
a otra intención dirigía
los pasos de mi cariño:
y no os admiréis de aquesto,
que es su genio tan altivo,
por lo que he experimentado
en las veces que la he visto,
que imaginara sin duda
que postrado mi albedrío
la quería para esposa,   90
ajando el ser peregrino
de rey con una vasalla;
y siendo así, he presumido
que con alguna cautela
o fabricado artificio
habrá ido al conde su padre
a incitarle vengativo,
para que patrocinado
del alarbe, y persuadido,
venga a tomar la venganza   100
de lo que formó su juicio;
pues temiendo esta cautela,
ya veis cuán destituidos
de armas, víveres y gentes
estamos en tal peligro.
Y así yo he determinado,
obligado y persuadido
de tan gran necesidad,

abrir la torre, o castillo
encantado, que extramuros 110
de Toledo, ha tantos siglos
que se conserva cerrada,
sin que ninguno haya habido
de cuantos lo han intentado
los antecesores míos,
que asombrados del horror
no vuelvan arrepentidos;
y por si hay algún tesoro,
como ya lo he presumido,
he de poner el esfuerzo 120
mayor para conseguirlo,
pues yo con ello podré
fortalecer los castillos,
plazas fuertes y fronteras,
para esperar prevenido
las resultas de este amago
que ya formado imagino;
conque pasando mi corte
a Córdoba, que es distrito
más a la vista del daño, 130
estar quiero apercibido.
Ya he mandado reclutar
en todos mis señoríos
tropas para resistir
el furor del enemigo
y marchar a toda prisa
a la frontera y recinto
de África; pues de una suerte
o de otra, determino
estar a la vista yo, 140
para todo prevenido.

Opas	Señor, vuestro parecer
	apruebo por peregrino,
	¿pues quién duda algún tesoro
	hay en su centro escondido
	debajo de algún encanto
	con diabólico artificio?
	Y aquesto, con los conjuros,
	oraciones y exorcismos,
	espero que he de vencerle, 150
	y vos podáis, advertido,
	sacarle, y valeros de él
	para tan justo motivo.
(Aparte.)	(No es sino porque perezca
	en su ciego laberinto.)
Pelayo	De recelar es, señor
	lo que tenéis presumido,
	y así es acertado acuerdo,
	para lograr el designio
	de tan cuerda prevención, 160
	entrar en ese castillo
	y mirar lo que en sí encierra.
Sancho	Yo, señor, digo lo mismo,
	que en el estado en que estamos
	podemos hallar asilo
	en él; y cuando no, vemos
	qué contiene ese prodigio,
	que es vergüenza de españoles
	el no haberlo conseguido.
Almerique	Y el no haberlo ya apurado 170
	será porque a otros remisos,
	temerosos del estruendo,

	les habrán faltado bríos,	
	y la necesidad hace	
	atropellar los peligros.	

Rey

Todos como valerosos
y leales, respondido
habéis.

Eliata

       Gran señor, si puede
en tal caso el voto mío
tener lugar de atención,   180
que me atendáis os suplico.

Rey

¿Pues qué podéis vos, señora,
decir en tanto conflicto?
Esto conviene a mis reinos;
si vuestro recelo tibio
quiere decir cosa en contra
de lo que está conferido,
es tiempo gastado en vano.

Eliata

Perdonad, que he de decirlo.

Pelayo

Escuchemos, gran señor,   190
a la reina.

Rey

           Algún delirio
será: decid.

Eliata

          Pues, señor,
lo que os aconsejo y pido
es que no entréis en la torre,
porque es yerro conocido
el intentar apurar

amenazas y prodigios;
en la puerta que cerrada
de ese portentoso archivo
dura mordaza es de acero,   200
que le hace tener sigilo
de lo que dentro resguarda,
dicen que en griego está escrito
un enigma que contiene:
«El rey que aquí inadvertido
entrare, encontrará bienes
y males»; si esto es fijo,
aunque los bienes y males
sean para aqueste mismo,
y no sean para otros   210
los bienes que en su distrito
pronostica, ¿quién prudente
no perdonará advertido,
por no tener males, bienes,
cuando se sabe que ha sido
un pesar solo bastante
a frustrar mil regocijos?
Y fuera de esto, señor
poderoso y dueño mío,
nobles y grandes de España,   220
y vos, dignísimo obispo
de la primitiva iglesia,
donde el cimiento más fijo
fundó España en el sagrario
que del mismo Dios fue archivo,
que se venera en Toledo
desde que la fe principio
tuvo en los godos, de Dios
para suyos elegidos;
pues todos consideráis   230

que es el principal motivo
para temer esta guerra
estar Dios tan ofendido
de los que ya le conocen,
faltando el culto y en vicios
aquí obstinados, ¿por qué
no solicitáis rendidos
con lágrimas y oraciones
que le halle el ruego benigno?
Pues con eso evitaréis 240
vuestro seguro castigo,
porque los medios humanos
no embarazan los divinos.
Yo, aunque tan recién lavada
con el agua del bautismo,
catecúmena reciente
en los misterios benditos
de nuestra fe, os lo amonesto,
y creo hallaréis propicio
al Señor, si procuráis 250
desenojarle rendidos.

Rey   Siempre discurrí que era
del sexo flaco y remiso
de mujer algún dictamen.
Señora, también Dios mismo
dice que nos ayudemos
y nos ayudará fino,
y así lo determinado
se ha de hacer. Vamos, amigos.

(Vase.)

Pelayo   Prodigio es la reina Eliata 260

de virtud.

Laín

Bien ha cogido
los misterios de la fe.

(Vase.)

Sancho

¡Ay, perdido dueño mío!

(Vase.)

Opas (Aparte.)

(Por acreditarse ésta
de cristiana, persuadirnos
quiere con hipocresías.)
Señora, aquesto es preciso.

(Vase.)

Almerique

Que el rey no estime a la reina,
siendo de virtud prodigio,
me admira; mas es pensión   270
de su torpe desvarío.

(Vase.)

Estrella

Todos se han ido y no han hecho
caso de ti.

Eliata

No me admiro,
que el consejo de mujer
siempre despreciado ha sido;
permita Dios que no sean
locos en no recibirlo.

Estrella	Asombrada estoy, señora,
	de lo que en el rey admiro.
	¿Quién no le vio, cuando Sancho 280
	cautivó (siendo cautivo
	de tu beldad) tu hermosura,
	tan absorto y suspendido
	como al verte se quedó?
	Olvidando otro cariño,
	y luego sabiendo que
	eras de reales principios,
	para que te cristianaras
	prometió ser tu marido.
Eliata	Ordinaria es en el mundo 290
	que la tormenta del vicio
	calme con la posesión;
	pero habiendo conseguido
	la ley de la luz de Dios,
	que ya confieso y admiro,
	doy por muy bien empleado
	sufrir del rey los desvíos,
	pues aunque no le merezca
	recíproco en mis cariños,
	en el alma es todo gloria 300
	lo que en el cuerpo es martirio.
Estrella	¿No te acuerdas de tu padre,
	señora?
Eliata	Nunca me olvido;
	mas es porque le dé el cielo
	luz de los altos prodigios
	de mi fe.

Estrella	De que el rey no la estime, pierdo el juicio.
Eliata	A pedir a Dios iré saque con bien a Rodrigo del peligro a que se arroja. 310 Estrella, vamos.
Estrella	Ya os sigo.

(Vanse.)

(Torre y selva.)

Voz 2 (Dentro.)	Boga a tierra, canalla.
Otros	Caza, caza.
Otros	Amparémonos todos de la plaza; porque es loca impaciencia hacer al desembarco resistencia.
Muza (Dentro.)	A la plaza retíranse cobardes.

(Sale el conde.)

Conde	La primera que en ellos haga alarde ha de ser esta espada que contra España está desenvainada en desagravio fiero 320 de mi honor, y así seré el primero que la tiña con sangre fementida hasta cobrar mi honor, del alma y vida.

(Sale Florinda armada.)

Florinda   Padre y señor, detente,
                  no siga tu valor aquesa gente,
                  que, admirados de ver la mar poblada
                  de esa copiosa y valerosa armada
                  que por divisas traen las medias lunas
                  aunque menguantes, para mí oportunas,
                  huyendo del rigor que ya amenaza,   330
                  van a ampararse absortos de la plaza.

Conde   Florinda, ¿qué es aquesto?
                  ¿Cómo te encuentro así en aqueste puesto?

Florinda   Apenas a mi carta respondiste
                  (por donde mi desgracia cruel supiste)
                  que convocado habías para el fin
                  de tu venganza a Miramamolín,
                  que auxiliado de alarbes tropas vienes,
                  cuando a Villaviciosa, en quien previenes
                  que has de desembarcarte,   340
                  vistiendo adornos del sangriento Marte,
                  a recibirte vengo despechada,
                  más que de acero, de valor armada.

Conde   Más valiera, Florinda, que te armaras
                  antes que así vencida te miraras,
                  de honrosa valentía.

Florinda   Embistióme el traidor con batería
                  de cautelas, promesas y asechanzas;
                  pero ¿cómo, señor, desconfianzas
                  de mí haces indignas? Si rendí   350
                  el homenaje de mi honor allí,

fue con decentes pactos a mi honor;
y porque sepas mi razón mejor
mientras el desembarco se fenece,
óyeme por menor lo que acontece;
verás si soy culpada,
y si lo soy, señor, aquesa espada
me prive de una vida,
que por mi honor la doy por bien perdida.
Señor, desde que saliste   360
enviado del homicida
de mi honor, para servirle
a las costas berberiscas,
movido quizá de cuando
le llevaste con sencilla
intención a que me viera
al retiro en que vivía
en palacio (¡qué bien dije!
pues que solo antes podía
decir que vivía en él   370
quien después en él moría);
después, digo, me faltó
tu presencia de mi vista,
dio en visitarme a menudo
el cruel con más caricias,
hasta que soplando el fuego
amor, para su osadía,
con el afán de sus vuelos,
declaró la llama altiva,
y viendo en mi resistencia   380
que a quien soy correspondía,
me dio palabra de esposo
con fe tan encarecida,
que al recato más prudente
hacer tropezar podría

en el escollo esgañoso
de Caribdis y de Escila;
mas yo, que de sus encantos
estaba bien advertida,
bordeando el peligro, estaba   390
huyendo de la desdicha,
y para mejor lograrlo,
tomé el rumbo que podía
asegurar a la nave
de no tocar con la quilla
en los bajíos del mar
proceloso de mi ruina.
Díjele que yo ganaba
en dicha tan peregrina;
mas no obstante, pues su intento   400
solo era el hacerme digna
esposa suya, hasta tanto
que lograse tanta dicha,
no ajase mi pundonor
con la villana malicia
de los que (viéndole entrar
en mi cuarto) hacer podían.
Resistióse con extremos
hasta que ya convencida
(a mi entender, su pasión   410
me prometió que lo haría),
valióse de una criada,
que son forzosas espías
en el campo del honor,
que al enemigo le avisan
del descuido de su dueño
para lograr la conquista.
Díjole que aquella tarde
en el baño me podía

ver. (¡Ay, criadas, y qué poco 420
consideráis esta ruina!)
Él, áspid disimulado,
en las verdes celosías
del jardín estuvo oculto,
hasta la ocasión precisa
de su intento, y acechando
a mi desnudez sencilla,
fue basilisco encubierto
que me mató con la vista,
y logrando con violencias 430
lo que perdió con caricias.
Murió mi amor sin remedio,
pues trayendo una cautiva
don Sancho al rey (¡ay de mí!)
de costas de Berbería,
enamorándose de ella
después de saber ser hija
del rey Mahometo Ononín,
única, sola y querida
Zara (que así se llamaba 440
la que Eliata hoy se confirma),
se casó infame con ella
después de estar reducida
a nuestra ley, y lavada
con las tersas aguas limpias
de la fuente de la gracia
la mancha de la morisma
secta; de suerte que el agua
fue la causa de su dicha,
y de mi desdicha en mí, 450
pues fue en donde su maligna
intención logró el virreino
novador de mi tranquila

quietud. Mira ahora si tengo
culpa, cuando combatida
de promesas cautelosas
y de cohechadas espías,
viendo perdido el recato,
que es de honor la joya digna,
abandoné lo demás   460
por si cobrarlo podía;
y si aquesto no es disculpa
suficiente a mi desdicha,
quítame la vida tú,
antes que sea homicida
yo propia de mí, que no
quiero vivir una vida
sin descanso en la venganza,
sin disculpa en mi ignominia,
sin consuelo en tu prudencia,   470
y sin sosiego en la ruina;
que vivir de aquesta suerte,
más que vida, es muerte indigna.

Conde   Hija Florinda, tú obraste
con la advertencia sencilla
que debes a tu recato,
viendo violada la línea
de tu honestidad preciosa,
pues solo se redimía
que, vista con impureza,   480
fuese de tu esposo vista.
Pero tan atroz agravio
hará la venganza mía
atroz, no solo acabando
con el fiero patricida
de mi honor, sino con todos

65

cuantos a su lado asistan;
¡poco es!, con todos tos que
la infeliz España habitan;
sin que de tan fiero agravio   490
no quede en el tiempo escrita
noticia de la memoria,
memoria de la noticia.

(Salen Muza y Tarif.)

Tarif   Ya, valiente don Julián,
                  tienes la ocasión vecina
                  de tu venganza; mas, cielos,
                  ¡qué beldad tan peregrina!

Muza   Y ya fenecido está
                  el desembarco:
(Aparte.)   (¡qué miran
                  mis ojos!)

Conde   ¿Qué os ha admirado?

Tarif   Esa cristiana.

Conde   Es mi hija,
                  que, sabiendo que a esta costa
                  el rumbo nos conducía
                  por habérselo avisado,
                  a recibirme movida
                  de su mucho afecto llega.

Tarif (Aparte.)   (Para matar con la vista.)

Florinda   Y agradecer el amparo

66

que en vuestro auxilio se cifra.

Tarif
Si por el conde, señora, 510
con tanto gusto venía,
ya soy dos veces dichoso,
sabiendo que a vos os sirva
de instrumento en la venganza
a que el conde me conspira.

Florinda
Es de muy gallardos pechos
darle, a quien lo necesita,
favor.

Tarif
Y muy de deidad
admitir el culto pía,
y así no dudéis, señora, 520
cuando el gran poder le auxilia
del rey Miramamolín,
que el desagravio consiga.

Conde
Ni tú, valiente Tarif,
lo que otra vez revalida
mi promesa en entregarle
la corona prometida
de España.

Tarif
Y será pagarle
la fe y confianza digna.

Conde
Y aun con eso quedará 530
mi venganza muy corrida.

Florinda
Y como instrumento yo
de la torpe alevosía,

convocando a mi venganza
mi familia esclarecida
y otros muchos que mi agravio
la venganza les incita,
cuyas valerosas tropas
se llamarán julianistas,
prometo hacer que no queden   540
de España ni aun las cenizas,
porque de mi fiero aliento
quedarán desvanecidas.

Tarif   ¿Conque vos sois la que llora
               el rigor de la ignominia?

Florinda   Yo soy, porque con decirlo
               mi noble sangre encendida
               hará que del alevoso
               quede la suya corrida.

Tarif   Ya con más indignación   550
               a la venganza conspira
               el valor, pues que la causa
               que nos convoca es divina.

Voces (Dentro.)   ¡Viva el conde don Julián!

(Clarines.)

Tarif   ¿Qué es esto?

Muza   Alguna salida
               que hacer de la plaza intentan.

Tarif   Salga la caballería

a resistirlos.

Conde
No creo
que sea lo que imaginas,
porque bandera de paz   560
tremolan.

Voces (Dentro.)   ¡El conde viva!

Otros   Llegue solo el principal
y deténganse a la vista
los demás.

Otros   Pues Teodomiro
llegue.

Tarif   ¿Qué es eso?

Andali (Sale.)   Lucida
tropa de cristianos es
que al conde hablar solicitan,
y estorbándola los nuestros
al principal solo envían
en su nombre.

Tarif   Pues que llegue,   570

Andali   Ya está, señor, a tu vista.

(Sale Teodomiro.)

Teodomiro   Tío y señor.

Conde   ¡Teodomiro!

Teodomiro	Dame los pies.
Conde	Antes mira que el gran Tarif Zaray es el que presente miras.
Teodomiro	Perdonad que el regocijo de ver al conde me olvida de la atención que se os debe.
Tarif	Es en el conde precisa.
Teodomiro	¡Prima Florinda!
Florinda	No des 580 el digno nombre de prima, Teodomiro, a quien sin honra infama tu sangre digna.
Teodomiro	Presto querrá el cielo que lave la mancha la impía sangre del tirano rey.
Conde	¿A qué es, pues, vuestra venida?
Teodomiro	Convoyando muchos nobles y numerosas familias que ofendidas de tu agravio 590 a desagraviarte aspiran; y sabiendo que tú eres el que entre tropas lucidas de africanos valerosos tu venganza solicitas,

las principales cabezas
que aquesa ciudad habitan,
a rendirle la obediencia
al gran señor vienen finas.

Tarif Tan fina demostración   600
merece ser atendida
del gran Miramamolín,
y mi atención solicita
reconozcáis en nosotros
su agasajo y sus caricias.

Conde Es tan de su noble pecho
ejercitar las benignas
demostraciones honrosas
con los que a servirle aspiran,
que no dudo aplaudiréis   610
ser vasallos de su invicta
majestad.

Teodomiro   Así entendidos
estamos por las noticias
que de sus prendas tenemos,
en su piedad y justicia.

Tarif Buenos fines nos promete
tal principio.

Voces (Dentro.) ¡Viva, viva
(Caja y clarín.)   el gran Miramamolín!

Muza Ya las tropas conducidas
vienen por Mahometo, infante   620
de Túnez; introducidas

están con las nuestras, y él
llega, señor, a tu vista.

Tarif   Salgamos a recibirle,
               que es obligación precisa.

(Sale Mahometo.)

Mahometo   Ya, Tarif valiente, tienes
               a tu lado mi cuchilla.

Tarif   Pues que venga el mundo ahora
               con tan fuerte compañía.

Mahometo   Apenas yo vi el decreto   630
               del gran califa en que intima
               que se recluten en Túnez
               tropas, y que conducidas
               sean por mí, para el logro
               de esta tan justa conquista,
               fueron tantos los que al eco
               del bando que lo publica
               acudieron, que no hallaba
               buques en que la infinita
               multitud cupiera; en fin,   640
               con los que pude, las limpias
               alas desplegué de lino,
               cortando cables, que asidas
               las fuertes áncoras de ellos
               me impedían la salida;
               y así emprende, gana, vence,
               arruina, tala, conquista,
               premia, castiga o perdona,
               que a tus órdenes ceñida

	mi obediencia estará siempre,	650
	obedeciéndote fina.	
Tarif	Hablad al conde, Mahometo.	
Mahometo	La atención, el alegría	
	de haber llegado a tu lado	
	me ha impedido; ya sabida	
	por todo el mundo, gran conde,	
	es la razón que os incita	
	a vuestra justa venganza,	
	y así esperad conseguirla,	
	pues de vuestra parte está	660
	la razón y la justicia.	
Conde	Con vuestra valiente espada	
	que la logre es razón fija.	
Mahometo	¿Quién es esta diosa humana?	
Conde	Aquesta es mi hija Florinda.	
Mahometo	Copia es de la primavera,	
	más que Florinda, florida.	
Florinda	Más retrato es del estío,	
	agostada la honra mía;	
	pero regada con sangre	670
	florecerá siempre viva.	

(Dentro, algazara de moros.)

Tarif	Mirad, mirad, ¿qué es aqueso?

Andali	¿Pues desde aquí no lo miras?
	Una vieja es, que corriendo
	viene a este real con gran prisa,
	con una caña en la mano
	que forma una banderilla
	con un lienzo o trapo blanco.

Teodomiro	Ella es figura exquisita.

(Sale la Cabezuda, vieja labradora.)

Cabezuda	¿A dónde está el general?	680

Tarif	Yo soy; di qué solicitas.

Cabezuda	La presencia es ella propia:
	¿tenéis un lunar por dicha
	por cima del hombro diestro?

Tarif	¿Quién te ha dado esa noticia
	de esa señal?

Cabezuda	¿Lo tenéis?

Tarif	Sí, mujer.

Cabezuda	Pues, en albricias	
	de una noticia que os traigo,	
	os pido que a mi familia	
	no se le haga ningún daño.	690

Tarif	Yo os lo ofrezco.

Andali	Hechicería

	debe de ser, porque vieja y adivinar, bien se indicia.	
Cabezuda	Pues yo soy la Cabezuda, por tal nombre conocida por esta comarca; habrá ochenta años, siendo niña, que estando un día leyendo un papel de profecías de un santo varón mi padre, al calor de la cocina, decía que nuestra España árabes la poseerían, y el que había de empezar tan valerosa conquista tendría un lunar, señor, del hombro derecho encima; y más decía también, que su mano taparía, sin bajar el cuerpo nada, toda la diestra rodilla:	700 710
(Violentándose.)	ved si tenéis esta seña, si merezco las albricias.	
Tarif	Sí, merecéis, porque son las señales peregrinas con que Alá me señaló, por brazo de su justicia, sin duda.	
Muza	Con tal anuncio cierto es, a España, rendirla.	
Mahometo	Y que a la ley de Mahoma	720

reduzcamos sus familias.

Florinda (Aparte.) (¡Ay de mí, infeliz, qué he oído!
¿Yo puedo ser causa impía
de estos daños?; pero como
me vengue yo, en nada mira
mi rencor.)

Teodomiro   Gran Tarif, vamos
adonde con fe rendida
os sirva de alojamiento
Villaviciosa, aunque indigna.

Tarif   Vamos, infante Mahometo,   730
don Julián, bella Florinda,
vamos; ¿qué es eso?, que el rostro
nuevo pesar pronostica.

Florinda   Cuanto más entro en mi patria
me acuerdo de mi desdicha.

Conde   Presto se volverá gozo
viendo de España la ruina.

Muza   Yo os lo ofrezco.

Cabezuda   Yo os lo anuncio.

Mahometo   Mi acero lo facilita.

Teodomiro   Nuestro auxilio lo promete.   740

Tarif   Y vuestra razón lo afirma.

76

Conde	Pues a la venganza vamos;
	¡muera España!
Todos	¡África viva!

(Vanse todos. Salen el rey, don Sancho, don Pelayo, don Opas, Laín y Almerique.)

Sancho	Esta es la torre, señor,	
	prodigiosa que no ha habido	
	quien abrirla haya podido	
	para penetrar su horror.	
Rey	¿Traéis dispuestas las luces	
	para examinar su estancia?	
Sancho	Atrás vienen, y a distancia	750
	corta.	
Laín	Multitud de cruces	
	era mejor, por librarse	
	de los diablos que la habitan;	
	yo creo que solicitan	
	éstos en vida infernarse.	
Pelayo	A su horrorosa mansión	
	no entréis vos, señor, os pido,	
	porque el verlo conseguido	
	lográis en esta ocasión	
	conque nosotros entremos,	760
	sin arriesgar tu persona.	
Rey	El mayor riesgo abandona	
	mi valor; dejad extremos.	

Opas	Esto de encantos, solo es fantasías y amenazas; y así, ¿para qué embarazas de esta gloria el interés a su majestad? Pues cuando el diablo poder tuviera de hacer daño, le venciera exorcismos pronunciando.

770

Laín	¡San Antón!, ¿encantos dijo? El diablo me trajo aquí.
Almerique	¿Llegan los villanos?
Sancho	Sí.
Laín	Ya yo de verlos me aflijo.

(Salen dos villanos con teas y picos.)

Villano 1	¿Qué intenta su majestad, si estamos aparejados con las teas encendidas y los picos en las manos?
Laín	Tener a la mano el pico es muy propio en los villanos pues que más que con la lengua se explican, cuando enojados, con las manos.

780

Rey	Que esa puerta derribéis y entréis guiando

con la luz.

Villano 2   ¡San Nicudemo
                       me valga!

Villano 1   ¡Y san Todos Santos!

Villano 2   El romper la puerta vaya,
                       pero entrar, señor, guiando,
                       no sabemos el camino,   790
                       y ha de ser muy intrincado.

Pelayo   ¿De qué, villano, lo infieres?

Laín   De que el camino del diablo,
                       aunque lo pone muy liso,
                       no le parece muy llano.

Rey   Acabad, villanos.

Opas   Vaya,
                       ¿qué aguardáis?

Los dos   Señor, ya vamos.

Villano 1   ¡Qué cara tiene el obispo!
                       ¿No se parece a Pilatos?

Opas   Picad con fuerza, ¿qué es esto?   800

Villano 2   Señor, con fuerza picamos,
                       pero se nos hace duro.

(A los golpes que dan con los picos en la puerta suenan truenos dentro de la torre, y caen ellos.)

Villano 1	¡Válgame san Tesifón!
Villano 2	¡Ay, que me llevan los diablos!
Laín	Afuera suenan los truenos; si entran allá, dará el rayo.
Rey	Entremos nosotros, que estos no ha de ser posible hagamos que entren; dejad esa tea, seguidme, que yo guiando voy.
Sancho	Señor...
Rey	Nadie pretenda estorbar mi intento.

(Vase.)

Pelayo	Vamos tras él, pues que no podemos conseguir el evitarlo.

(Vase.)

Sancho	Entra tú.
Laín	Yo no, señor.
Sancho	¿Por qué?

Laín	Porque es necesario
	quien ayude a los conjuros
	del obispo, y yo me hallo
	capaz para responder
	a todo, que fui ordenado 820
	de tonsura allá en mi tierra.
Sancho	Quédate, infame villano.
(Vase.)	
Laín	Sea muy en hora buena
	infame, villano, y cuanto
	usted quiera, como no
	sea en vida condenado.
Opas	Idos, villanos, de aquí.
Los dos	De buena gana.
(Vanse.)	
Laín	Aguardaos.
Opas	Vete tú también, cobarde.
Laín	Ya ese camino está andado. 830
(Vase.)	
Opas	Rumor ninguno se escucha
	dentro del lóbrego espacio:
	¿si habrán todos perecido?,

¿quién lo duda?; pues ni aun pasos
se escuchan; ¡pluguiera al cielo
fuera cierto!; pues quedando
sepultados en su abismo
pudiera sin embarazo
poseer esta corona
que ciñe aqueste tirano,   840
el legítimo heredero
de Witiza, que amparado
del mahometano se halla;
y yo juzgo se ha logrado,
pues no se escucha rumor,
y ya ha gran tiempo que entraron;
sin duda que el justo cielo
el castigo le habrá dado
de sus insultos y vicios;
(Terremoto.)   mas rumor acelerado   850
siento, ¿qué será?

(Salen el rey y los que entraron, asombrados.)

Rey   Don Opas.

Opas   ¡Gran señor!
(Aparte.)   (¿Qué, se han librado?)

Todos   Valednos, piadosos cielos.

Opas   La torre se viene abajo,
                no os asustéis.
(Aparte.)   (¡Que ahora fuese
                y no cuando dentro entraron!)

(Arruínase la torre.)

Pelayo	Todo se ha hundido.
Sancho	¡Qué asombro!
Almerique	Todo ha quedado arruinado.
Rey	¡Pastor y padre, ay de mí!
Opas	¿Qué has visto, señor?
Rey	No acabo 860 de desechar el pavor.
Opas	Sosiégate, y recobrado di lo que has visto, señor.
Rey	Ya en el cielo soberano se ha leído la sentencia de España, y no admite fallo; ya el brazo de la justicia contra mí está levantado y contra este infeliz reino.
Sancho	¡Gran portento!
Pelayo	¡Horrible caso! 870
Opas	¿Pues qué has visto, señor, di?
Rey	Atiende para admirarlo. Apenas por el bostezo de aquese fúnebre espacio, con pasos flojos y torpes,

medrosos, los cuatro entramos,
cuando, trémulas las luces
de las teas, al delgado
soplo del aire que, frío,
era a los miembros letargo,   880
todo cuanto se miraba,
como la llama vagando
andaba al rigor del viento,
parecía que al espacio,
vago edificio del aire,
le temblaban asustados
de aquel viviente edificio
los miembros que le formaron;
mas, convocando el valor,
del pundonor irritado,   890
al más oculto retiro,
valerosos penetramos,
y a la escasa luz nocturna
que las teas mendigaron,
en un oscuro retrete
del horror, funesto espacio,
miré una estatua de bronce
que incesantemente dando
fuertes golpes sobre un globo,
decía: «Mi oficio hago»;   900
de donde yo colegí
que era el tiempo, que allí dando
sobre el mundo, con los golpes
de días le iba acabando.
Y reparando el peligro
de tal golpe, anticipado,
le pedí que sosegase
su tarea un breve rato,
porque solo era mi intento,

sin descomponer su encanto,   910
saber lo que contenía,
y suspendiendo el cansado
golpe, oí que articuló
con grande acento formado:
«¿Dónde vas, infeliz rey?
Por tu mal aquí has entrado.»
Quedé a la voz suspendido,
y pronunció de allí a un rato:
«Que por extrañas naciones
me vería despojado   920
del reino (¡cruel profecía!)
y mis gentes (¡qué presagio!)
castigadas cruelmente.»
Quedé absorto, yerto, helado,
y sin poder responder,
y volviendo al continuado
afán, dijo: «Arbes invoco»;
y huyendo del fuerte amago
nos volvimos a salir
confusos, ciegos, turbados,   930
y en saliendo, como viste,
su edificio desplomado,
para crecer el asombro,
no dejó seña ni rastro
de lo que fue: conque advierte
si con gran razón me hallo
temeroso y confundido,
pues por no ver lo que aguardo,
me hubiera sido mejor
que sobre mí, desquiciado,   940
quedara para no ver
tan lamentable presagio.

Opas	Señor, esas amenazas
	que tu aprensión ha formado,
	profecías misteriosas
	pueden ser, avisos falsos
	del enemigo, que viendo
	que estás tan necesitado
	para socorrer tu reino
	del tesoro, para erario	950
	de tu corona, te puso
	aquel funesto aparato,
	para que tú, confundido,
	no lograses el sacarlo,
	y bien se ha visto depués
	con dejarlo sepultado
	en las ruinas del castillo,
	de donde imposible hallo
	que se pueda conseguir;
	y así otros medios tomando,	960
	y sacando de la iglesia
	el tesoro reservado,
	te puedes valer de él
	para pretexto tan santo.
(Aparte.)	(¡Añada culpas a culpas
	para que admire su estrago!)

Sancho	El obispo, gran señor,
	discurre como tan sabio;
	pongamos de nuestra parte
	sin desmayar por amagos,	970
	y haga Dios lo que servido
	fuere, pues que de su mano
	somos hechura, y es dueño
	de deshacer lo formado.

Pelayo	Aliéntate, gran Rodrigo.
Rey	Es el alentarme en vano,

Pelayo   Aliéntate, gran Rodrigo.

Rey   Es el alentarme en vano,
          que todo cuanto me ha dicho
          don Opas solo es llevado
          de procurar mi consuelo;
          lo creyera resignado,   980
          a no mirarme vencido
          de tan inmensos pecados
          como contra Dios y el mundo
          de la fe y de mis vasallos,
          cometimos en España
          así yo como el tirano,
          mi antecesor Witiza,
          y conozco que obstinado
          el cielo, de los insultos,
          nos previene el justo estrago;   990
          mas, pues no tiene remedio
          el castigo que esperamos,
          sea dando mucho asunto
          a los volúmenes raros,
          y a la sangre generosa
          que conservo de los baltos;
          y así, yo en persona quiero
          arrojarme despechado
          al riesgo que me predice
          el anuncio soberano.   1000
          Y ahora sin dilación
          mi real corte pasando
          a Córdoba, me pondré
          el primero yo en el campo,
          expuesto el pecho al castigo,
          consiguiendo eterno lauro.

Opas (Aparte.)	(Y yo con mi industria espero que he de ponerte en las manos de tus propios enemigos.)	
Sancho	Señor, si determinado estás ya de ir en persona, no quedará en el espacio de España quien no te siga para morir a tu lado.	1010
Pelayo	Y verás cómo el valor de tus valientes vasallos te quita de la aprensión y recelo que has formado, venciendo tus enemigos.	
Almerique	Y más llevando a tu lado de Almerique la osadía.	1020
Opas	Y yo, que dejando a un lado de obispo la dignidad, he de ser fatal estrago de quien se oponga a tu imperio.	
Rey	Algo me habéis consolado, y así, amigos y parientes, vamos al intento.	
Todos	Vamos.	
Rey	Con vuestro aliento me aliento.	
Todos	De vuestra vista mirados...	1030

Sancho	¿Quién no ejecutará hazañas?
Pelayo	¿Quién no postrará africanos?
Almerique	¿Quién nos podrá competir?
Opas	¿Quién no peleará gallardo?
Rey	Pues al riesgo.
Sancho	A la victoria.
Pelayo	Al triunfo.
Almerique	Al peligro osados.
Opas (Aparte.)	(A entregarte a su venganza.)
Rey	¡Viva España!
Todos	¡Muera el falso Alcorán del vil profeta!
Rey	Pues vamos, amigos.
Todos	Vamos.

1040

Fin de la segunda jornada

Jornada tercera

(Selva. Suenan cajas y clarines; y ruido de batalla y voces dentro.)

Voces   ¡Arma, arma, guerra, guerra!

Muza   Seguid, seguid el alcance.

Tarif   Al Guadalete se arrojan:
seguidlos antes que pasen.

(Salen Almerique, don Pelayo y Sancho huyendo.)

Almerique   Imposible es resistir
el ímpetu a los alarbes.

Sancho   Arrojémonos al río,
y los que puedan se salven,
pues que ya desbaratada
toda nuestra gente yace.   10

Pelayo   ¡Ah, cruel obispo!, ¡qué mal
atendiste a tu carácter!

Almerique   Tocad, pues, a recoger,
y vamos a los reales
del rey a darle noticia
del suceso lamentable.

Sancho   Vamos, pues, que ya se acerca
el moro.

(Dentro, algazara.)

Pelayo   Y viene delante
              convoyándole don Opas.

Todos   A recoger a los reales.   20

(Vanse.)

(Salen don Opas, Tarif, Mahometo, Muza, Andali, Florinda armada y
Teodomiro.)

Opas   Antes que pasen el río,
               a vuestras iras acaben.

Tarif   Deteneos, que el seguir
               a los que huyen es ultraje;
               dejad que lleven las nuevas,
               a su rey, del miserable
               suceso de la batalla,
               y, por Alá, que es desaire
               de mi gallardo denuedo
               que la fortuna me ampare   30
               con tanto esmero en mi abono,
               haciendo tantos se pasen
               ofendidos del cruel rey
               para hacer menos loables
               mis hazañas.

Mahometo   No ha quedado
               cristiano de aquesta parte
               del Betis que su tragedia
               no deje escrita en su sangre;
               pues como al trabar la lid
               ese pápaz arrogante,   40
               que comandando venía

su ejército, se pasase
a nuestro campo, y con él
se pasó la mayor parte,
desmayaron los demás
en tan impensado lance,
y volviendo las espaldas,
a nuestro salvo, picarles
pudimos la retaguardia;
y mejor los que arrogantes   50
nos hicieron cara, fuertes,
consiguieron retirarse,
porque temiendo la ofensa
no era el herirles tan fácil.

Tarif   Las gracias de esta victoria,
               debemos alegres darte.

Opas   A quien tan interesado
               es en ella como parte,
               no hay que rendirle las gracias,
               pues es su premio el ultraje   60
               del tirano rey.

Florinda   Don Opas,
               yo sola debo mostrarme
               agradecida a la acción.

Opas   Bella Florinda, el desaire
               tuyo le sentí de suerte
               que solo puedo explicarle
               con esta demostración.

Florinda (Aparte.)   (Cuando un obispo que atlante
               es de la Iglesia me auxilia,

disculpada en mi dictamen   70
estoy, y veo que es justa
la guerra que por mí se hace;
mas no sé qué repugnancia
el corazón me combate.)

Julián (Sale.)   ¿Qué hacéis, valientes caudillos?
                    Cuando el día favorable
                    se declara por nosotros,
                    ¿no seguimos el alcance?
                    Haced vadeen el río,
                    y que los jinetes pasen   80
                    en grupas a la otra orilla
                    a los valientes infantes;
                    que antes que llegue la noche
                    podemos desalojarle
                    al enemigo, o postrar
                    su altivez en los rëales.

Tarif   Valeroso don Julián,
                    reprime el justo coraje,
                    porque si hoy lo vencen todo
                    nuestros valientes alfanjes,   90
                    mañana estarán ociosos,
                    y es impaciencia más grande.

Teodomiro   Imposible es rehacerse
                    con pérdida que es tan grande,
                    y así, concederles treguas
                    es darles tiempo bastante
                    para que sientan confusos
                    su tragedia miserable,
                    porque el morir tan aprisa
                    será el dolor evitarles.   100

94

Opas	Pues yo, dejando esta ropa,
	que fue causa de ultrajarme
	en la primer conferencia,
	vestiré el morisco traje
	para dar a conocer
	la razón que me persuade,
	y con él seré el primero
	que en las lides por delante
	vaya enseñando el camino
	en los sangrientos combates. 110
Tarif	Tan fina demostración,
	os prometo que la pague
	el gran Miramamolín,
	y así, a retirar; los parches
	toquen, y Florinda puede
	a la ciudad retirarse.
Florinda	Yo he de mirar la venganza,
	pues que vide mi desaire.
Conde	Aunque es justo tu deseo,
	es de tu decoro ultraje; 120
	y así, ve a Villaviciosa,
	adonde estés con tu madre
	más decente.
Florinda	Obedecerte
	es forzoso, aunque me agravie.

(Vase.)

Tarif	Al compás de belicosos

instrumentos militares,
celebrando este suceso
esta victoria se cante.

(Vase.)

Todos
¡Viva Miramamolín,
y el gran Tarif, nuevo Marte!   130

(Vanse.)

(Salen el rey por un lado, don Pelayo y Almerique en tienda de campaña, y por el otro, don Sancho.)

Pelayo
Valeroso don Rodrigo,
aunque la suerte inconstante
quiera privarte esta gloria

Sancho
Rey valiente, como grande
a pesar de la fortuna
que te quita este carácter...

Almerique
Rey infeliz, aunque heroico,
porque los hados neutrales
cuanto de grande te dieron
te quitaron de triunfante   140

Pelayo
Pasamos, señor, el río,
dividiendo en cuatro partes
el ejército infelice
por regirle ese cobarde
don Opas, que ya el renombre
borró, con traición tan grande,
de obispo y pastor, que fue

	lobo sangriento, que el fiarle
	tus huestes fue hacer al lobo
	pastor del rebaño frágil.

150

Sancho

Yo el ala izquierda ocupaba
con solos dos mil infantes.

Almerique

Yo la derecha con otros
dos mil, del caso ignorantes.

Pelayo

Y yo el centro, con don Opas
llevando la demás parte
de infantes, con mil caballos,
cuando al llegar a carearme
con las tropas enemigas
y medias lunas alarbes,

160

el alférez real Ramiro,
que llevaba el estandarte
del águila de dos cuellos,
blasón de los godos grandes,
de un accidente impensado
del caballo (¡triste lance!)
cayó muerto, dividiendo
el asta de él en dos partes,
presagio infeliz que dijo
el suceso lamentable.

170

Sancho

Y entre mi gente se oyó,
sin saber quién las causase,
varias voces, que decían:
«El cielo ofendido hace
que triunfen sus enemigos;
llore España el fatal trance.»

Almerique	Y sobre mis gentes vimos
	cuervos, agoreras aves,
	que graznando predecían
	infeliz mortandad grande.

180

Pelayo	Arrojéme del caballo,
	y cogiendo el estandarte
	dije a voces: «¡Ea, soldados,
	no vuestro aliento desmaye,
	que ya el blasón de los godos
	tremolarle veis al aire,
	sin que agüeros infelices
	puedan la gloria quitarle!»

Sancho	Y animando mi escuadrón,
	que ya flaqueaba cobarde,
	me dispuse a la batalla
	sin temer anuncios tales.

190

Almerique	Y alentando a los soldados,
	que desalentados yacen,
	los animé para el choque,
	guiándolos yo delante,
	y al trabarse la batalla
	el Sinón, que con dictamen
	conducía el paladín
	del ejército volante,
	volviéndose en contra nuestra
	con traidores auxiliares
	que para el caso llevaba
	convocados, les dio margen
	a los moros, para que
	alentados al mirarle
	que apadrinaba sus huestes

200

embistiesen como canes.

Sancho	A tan grande novedad,	
	sin ser posible atajarle,	210
	mi escuadrón se puso en fuga,	
	y los moriscos alfanjes	
	sin oposición alguna	
	lograron golpes fatales.	

Almerique
Y viendo flaquear el ala
izquierda los de mi parte,
huyendo precipitados
para desembarazarse,
mataban a los que el paso
les impedían constantes.   220

Pelayo
Y yo alentando a los que
convocaba de mi parte,
nos pusimos en defensa,
pudiendo así retirarle,
hasta que vadeando el río
llegamos a aquesta parte.

Sancho
Y los míos, como no
atendieron vigilantes
al vado, dando en el fondo,
perecieron por cobardes.   230

Almerique
Y los míos, sin concierto
huyendo de los alarbes,
quedaron muertos y heridos,
de todos, la mayor parte.

Pelayo
Este es el fatal suceso...

Sancho	Este el caso lamentable...
Almerique	Y aqueste el trágico fin...
Los tres	De tan infeliz combate.
Rey	Ya no es tiempo en tal desdicha

Rey   Ya no es tiempo en tal desdicha
de gastarle en lamentarse,   240
sino, incitando el valor,
hacer el último vale,
para acabar de una vez
con el último debate;
porque es morir muchas veces
experimentar fatales
sucesos, y así tocando
a recoger, los que hallasen
esparcidos por el campo
vuelvan de nuevo a formarse,   250
que yo he de ser en persona
el que los rija y comande,
para que, muriendo yo
entre los corvos alfanjes,
no pueda mirar la ruina,
infeliz, que pasar falte.

Pelayo   Gran señor, para el esfuerzo
último que hacerse trate,
es bueno que tu persona
no se aventure.

Rey   El que trate   260
de impedirme aquesta gloria
será intentar infamarme;

| | Y, ¡por vida de la reina!, |
| | que yo sea el que le mate. |

| Pelayo | Haced, señor, vuestro gusto. |

Sancho	Pues que llegue a publicarse
	por el campo, para que
	se alienten, viendo que sale
	su majestad a campaña.

Almerique	Ya su ejemplo es muy constante,	270
	que los pocos que han quedado
	han de hacer mayor examen
	de su valor.

Rey	Pues, amigos,
	a morir con brío constante
	como buenos, o vencer.

Sancho	Todos harán de su parte
	por morir ganando fama,
	o vivir, sin tal desaire.

| Rey | Pues a la lid, valerosos |
| | godos, fuertes y arrogantes. | 280 |

| Todos | A conservar nuestros timbres, |
| | o de una vez todo acabe. |

(Vanse.)

(Salen Florinda y Teodomiro.)

| Teodomiro | ¿Posible es, prima Florinda, |

que pueda en ti la tristeza
más que la propia razón?
Consuélate, y no consientas
apoderarse el dolor
del sentido, que la pena
te puede privar del juicio.

| Florinda | Teodomiro, no pretendas | 290 |

disuadir inútilmente
el pesar que me atormenta;
ya se acabó para mí
el gusto; ya solo reinan,
señoras de mis sentidos,
melancolía y tristeza:
déjame sola, que a un triste
es la mejor compañera
la soledad.

| Teodomiro | No es justo | |
| | que tan sola estar pretendas, | 300 |

pues, sin que pueda tu madre,
aunque consolarte intenta,
corregirte, separada
de ella en aquesta vivienda
te apartas de su cariño.

Florinda   Y aun apartarme quisiera
de mí misma con la muerte;
déjame tú, no pretendas
que por no estar con ninguno
me dé la muerte violenta.   310

Teodomiro   Mira que el despecho, prima,
tanto de ti te enajena

que puedes perder el juicio.

Florinda

¿Pues puede haber más que pierda
quien ya perdió lo que yo?
¡Ojalá el juicio perdiera,
porque, perdiendo el sentido,
perdiera el sentir! ¿Qué intentas?
Teodomiro, déjame,
si no pretendes que ciega,   320
despechada, combatida
de alivios que me atormentan,
anudando mi garganta
con mis manos, dogal sea
que reprimiendo el aliento
la respiración suspenda,
y la propia que me anima
la que me atosigue sea.

Teodomiro

A procurar consolarte
me obliga el ser quien viniera   330
por mandato de mi tío
a traerte, a que estuvieras
con tu madre consolada
de esta profunda tristeza;
pero viendo que el consuelo
más te oprime y atormenta,
te dejo. Mira, Florinda,
que el ser cristiana profesas
y que el ser de ti homicida
es desesperada idea.   340

(Vase.)

Florinda

Que soy cristiana, te engañas;

¡pluguiera a Dios que lo fuera!,
pues siéndolo, a tan fatales
sucesos y fiera guerra
no hubiera dado ocasión,
siendo causa horrible y fea
de que los cristianos lloren
tantos estragos y ofensas.
¿Es posible que yo he sido
la que contra su ley, ciega,   350
haya puesto en ocasión
el rebaño de la Iglesia,
a que vagando esparcidos,
temiendo la horrible bestia
de la secta mahometana,
sin el abrigo se vean
del redil y del pastor?
¿Yo motivo que en su secta
induzcan a los infantes
que entre ellos vivan, y sea   360
la causa de que los templos
sean mezquitas, y que en ellas
quitándole el culto a Dios,
que su enemigo le tenga?
¿Cómo esto conozco y vivo?
¿Cómo aquesto considera
mi discurso y, triste, aliento?
¿Yo, traidora con mi rey?
¿Yo, falsa con mi ley cierta?
¿Yo, tirana con los míos?   370
¿Y yo, contra Dios proterva?
Abrase la tierra, y trague
a una mujer tan perversa.
El aire no me fomente,
la tierra no me consienta,

no me dé calor el Sol,
el agua no me humedezca,
y todos contra mí airados
sus beneficios conviertan:
en aire, que me sofoque; 380
en bochorno, que me encienda;
en veneno, que me ahogue;
y en sepultura funesta.
Y así huyendo del comercio
de los hombres, con las fieras
iré a vivirlo que dure
la vida que me atormenta.

(Vase.)

(Ruido de batalla, y el rey dentro dice.)

Rey   Valerosos españoles,
                       hoy es el día en que quedan
                       eternizadas las glorias   390
                       de los godos.

Todos (Dentro.)   Arma, guerra.

Tarif (Dentro.)   ¡Otomanos invencibles,
                       a que escarmentados vuelvan!

Todos (Dentro.)   ¡Viva el gran Rodrigo, viva!

Moros (Dentro.)   ¡Alá, y a ellos; cierra, cierra!

(Salen los cristianos retirándose de los moros.)

Rey   ¡A ellos, valientes soldados!

Tarif	¡Otomanos, mueran!
Todos	¡Mueran!
Rey	Hijos, no desalentéis.
Todos	En vano es la resistencia.

(Vanse.)

(Retíranlos, y sale el rey por la otra parte.)

Rey
    En nuestra contra, sin duda,   400
es el cielo quien pelea;
desbaratados los míos,
unos con otros tropiezan;
no es mucho; a fuerzas divinas,
no bastan humanas fuerzas;
instrumento es de la ira
de Dios, la alarbe fiereza.
¿Quién, pues, podrá resistirlo?
¡Ni cómo alentarlos piensa
mi voz, cuando la justicia   410
divina los amedrenta!
Y a mí me vence, y convence,
pues fiscal de mi conciencia
mi propio pecado es,
el que aliento no me deja,
ni aun alentar el acento
para que animarlos pueda.

(Sale un pastor huyendo.)

Pastor	¿A dónde podré esconderme
	en tan terrible tormenta?;
	pero aquí miro un cristiano.	420
	Señor, ¿no dirá en qué piensa,
	que viendo tanto peligro
	se está aquí con tanta flema
	paseando de ese modo?
	Huyamos por esa sierra,
	pues yo le diré el camino
	por donde escaparse pueda.

Pastor   ¿A dónde podré esconderme
en tan terrible tormenta?;
pero aquí miro un cristiano.   420
Señor, ¿no dirá en qué piensa,
que viendo tanto peligro
se está aquí con tanta flema
paseando de ese modo?
Huyamos por esa sierra,
pues yo le diré el camino
por donde escaparse pueda.

Rey (Aparte.)   (Pues ya no hay otro recurso
en ruina tan manifiesta,
con este pastor, el traje   430
que declara mi grandeza
trocaré para salir
huyendo de la tormenta:
¿mas a dónde huir podré
en borrasca tan deshecha?)

Pastor   ¿En qué imagina, señor?
Sígame, que ya se acercan
los enemigos del alma
y del cuerpo.

Rey   Tente, espera,
quítate aqueste pellico.   440

Pastor   ¿Para qué?

Rey   Para que pueda
con este disfraz salir
del riesgo.

Pastor   No guarda fuera.

Rey   ¿Por qué no?

Pastor   Porque al presente
                              para escapar de tal gresca
                              es menester, aunque lobo,
                              mi señor, la piel de oveja.

Rey   Pues dándote ahora la muerte,
                              la darás sin resistencia.

Pastor (Dásele)   Tenga usted; aquí la tiene;
                              no es menester tanta fuerza.

Rey   Pues ponte tú ese vestido.

Pastor   Eso vaya norabuena,
                              porque viendo su valor,
                              me harán persona de cuenta.

Rey   ¿A dónde (¡ay de mí!) podré
                              ocultarme de la inmensa
                              justicia?

(Vase.)

Pastor   ¿Qué?, ¿es forajido?
                              Pues retráigase en la iglesia:
                              ¡mas aquí vienen ladrando   460
                              los mastines, santa Elena!

(Salen Muza y Andali.)

108

Andali	Por la sangrienta campaña,
	divididos por diversas
	partes, al rey don Rodrigo,
	manda, a toda diligencia,
	Tarif, que se busque; pero
	si no me mienten las señas,
	éste es sin duda. Señor,
	sin que de aquesto se ofenda,
	con la reverencia digna, 470
	dése a prisión vuestra alteza.
Pastor (Aparte.)	(¡Bueno!, ¡miren si obra el traje!,
	¡estupenda estratagema!
	Si tuviera la zamarra,
	llegara sin resistencia,
	y del primer alfanjazo
	por medio me dividiera.)
Andali	¿No respondéis?
Pastor	Allá voy,
	no tengáis vos tanta priesa,
	porque el responder despacio 480
	es pensión de la grandeza.
	Llegad y, con mucho tiento,
	de modo que no lo sienta,
	me prended.
Muza	Si fingir quiere,
	vuestra majestad, entienda
	que ya le hemos conocido.
Pastor	Ya se ve; ¿pues, quién lo niega?
	Y a no haberme conocido,

	yo a conocerme me diera,	
	porque a un señor como yo	490
	se conoce de una legua.	

Andali	Sin duda ha perdido el juicio,
	por la pérdida sangrienta.

Tarif (Dentro.)	Buscarle por todo el campo,
	y al que, vivo o muerto, pueda
	descubrirle... mas ¿qué es esto?

(Salen Tarif, don Julián herido, don Opas de mozo, y Mahometo.)

Andali	Si a quien buscas es la regia
	persona de don Rodrigo,
	ya mi valor te le entrega
	prisionero.

Conde	Pues en él...	500
	mas ¿qué miro?	

Opas	Pues que muera...
	mas ¿qué es esto?

Tarif	¿Qué os suspende?

Pastor	Las dos partes representan
	del mundo, África y España,
	pues inmóviles se quedan.

Conde	¿No quieres que yo me admire?...

Opas	¿No quieres que me suspenda?...

Loso dos	Si dices que es don Rodrigo el que prisionero entregas.
Tarif	¿Pues quién es?
Pastor	Pascual el chato, 510 el que guarda las ovejas.
Tarif	¿Pues quién te dio ese vestido?
Pastor	Un hombre que la pelleja se vistió, y se fue corriendo por lo alto esa sierra.
Muza	¡Por Alá, corrido estoy!
Andali	Tú pescaste linda presa.
Tarif	Buscarle por donde dice, sin dejar camino o senda que no examine el cuidado; 520 que yo, en nombre de la excelsa majestad del gran señor, hago constante promesa de premiar tan gran servicio al que conseguirle pueda; y pues ya con la victoria la campaña está desierta, sin que en toda ella se encuentre ya quien cadáver no sea, y de Córdoba las llaves 530 vinieron a hacerme entrega, pase Mahometo a ocupar el gobierno que reserva

mi cuidado a su persona.

Mahometo
El obedeceros sea
el mayor conocimiento
de quien servir solo intenta
al móvil que nos dirige.

Tarif
Y nosotros, dando vuelta
a Villaviciosa, haremos   540
cuerdo consejo de guerra,
para las disposiciones
que más convenientes sean.

Muza
Y allí daremos noticia
a Florinda, de esta guerra
el feliz suceso.

Conde
                    Mucho
será que nada divierta
su tristeza, pues me escribe
su madre que no hay qué pueda
divertirla; y entregada   550
al pesar, de sí está ajena.

Tarif
¡Qué lástima!

Muza
                    ¡Qué dolor!

Pastor (A Andali.)
¿Es la que aquí se lamenta
la Cava?

Andali
                    Aquesa es Florinda
la Cava, que en nuestra lengua
mala mujer decir quiere.

112

Pastor	¡Malhaya tan mala bestia!
Opas	Ahora verás, don Rodrigo, cómo el obispo en tu ofensa, aun mejor que reza, riñe.

560

Mahometo	Pues mi marcha se prevenga a Córdoba, con las tropas bastantes a guarnecerla.
Tarif	Y Advoazin Adlibar vaya corriendo la tierra con veinte mil mahometanos, y para que guiarle puedan, lleve seis mil julianistas, y vamos nosotros vuelta de Villaviciosa.
Todos	Vamos.

570

Conde	Diciendo en voces diversas:
Todos	¡Viva el capitán Tarif; victoria por las supremas armas del gran rey de Arabia, que ya en las Españas reina!

(Vanse.)

(Salen Eliata reina, don Pelayo, Sancho, Almerique, Laín y Estrella.)

Sancho	Este fue el trágico fin de la infelice batalla.

113

Eliata	¿Y mi esposo no aparece?
Pelayo	Aunque con vivas instancias le buscamos cuidadosos, rastro, señora, no se halla de su majestad.
Eliata	¡Ay, triste! Señor, que desde tu alcázar la aflicción estáis mirando que padece vuestra España, volved los ojos, piadoso, a su dolor y a mis ansias. Y vosotros, ¿qué derrota tomáis en fatiga tanta?
Sancho	Ampararnos, gran señora, de las murallas de Hispala, y si aquestas las rindiesen, pues en la extrema desgracia nos vemos, nos pasaremos a las ásperas montañas de Asturias, y en su aspereza podemos a su arrogancia resistir.
Eliata	Pues Dios os guarde, ya que seguiros no alcanza mi deseo, pues me tienen aquí cercada de guardas para entregarme a Mahometo, que por gobernador pasa a esta corte.

590

600

Almerique	Adiós, señora,
	que a nosotros no embarazan
	la salida, por creer
	que rendidos a sus armas
	aguardamos a Mahometo
	para rendir a sus plantas
	la obediencia al gran señor. 610
Eliata	Pues Dios con vosotros vaya.
Sancho	Pues, señora, está constante
	en la fe que firme guardas.
Pelayo	No por verte entre los moros
	flaquees en tu constancia.
Eliata	No tenéis que persuadirme,
	que antes que de ella apartada
	me vea, daré la vida
	una y mil veces postrada.
Almerique	Puede mucho la ocasión. 620
Eliata	Me alumbra luz soberana.
Sancho	Son astutos.
Eliata	Tengo fe.
Pelayo	Fuiste mora.
Eliata	Soy cristiana.

Todos	A Dios, señora, que os libre.
Eliata	Él me dé fuerza y constancia.

(Vase.)

Laín	Adiós, Estrella.
Estrella	Adiós, Laín.
Laín	No hagas alguna perrada.
Estrella	Soy católica.
Laín	Es así, pero temo...
Estrella	¡Qué panarra!
Laín	Que aunque católica eres, no pareces muy cristiana.
Estrella	Tú lo verás.
Laín	No haré tal, que me voy a las montañas a ser hidalgo por peñas.
Estrella	¡Plegue a Dios que de ellas caigas!
Laín	Pues ya me voy, mora en cierne.
Estrella	Pues vete, hidalgo, de lajas.

630

(Vanse.)

(Salen don Julián y Florinda.)

Julián	¿Dónde vas, hija? ¡Detente!

Florinda	Huyendo de mi desgracia.

Julián   Espera, no de esa suerte   640
te arrojes precipitada
al despecho.

Florinda   No me sigas
ni tengas, porque es vana,
la porfía en consolarme.

Julián   Ya consiguieron las armas
del gran señor la victoria;
ya Rodrigo no se halla,
y se discurre que el río
le dio sepulcro de plata:
consuélete su desdicha,
pues ya te miras vengada.

Florinda   En mis graves sentimientos,
ése es el que más me mata;
¿por ventura, por acaso,
dejo de estar desairada?
No; pues si es que esto es así,
¿de qué me sirve que hayan
conseguido la victoria
las banderas mahometanas,
ni perecido el tirano,   660
si no me sirven mis ansias

más que de carcoma horrible
que me muerde las entrañas?
Cuanto miro y cuanto oigo
son puñales que me matan;
ya supe lo que me has dicho,
y sé que, desbaratadas
las católicas hileras,
con la sangre derramada
escribieron en la tierra   670
el vil padrón de mi infamia;
y sé que el rey don Rodrigo,
vivo ni muerto, se halla.
Ya sé que entrándose van
los moros por nuestra España,
sin que haya quien los resista.
Ya sé que Tarif da trazas
para que de nuestros templos
viles mezquitas se hagan.
Sé que las mujeres lloran   680
de sus esposos la falta.
Sé que los tiernos infantes
se horrorizan con la extraña
concurrencia de los moros,
anuncio de su desgracia;
y sé que por mi motivo
la cristiandad se desmaya.
Pues si esto sé, ¿cómo quieres
que me consuele? Y pues no halla
mi confusión ningún modo,   690
a éste apele mi desgracia:
¡Muza, Tarif, Teodomiro!

Todos (Salen.)   ¿Qué nos quieres? ¿Qué nos llamas?

Julián	¿Qué intentas?
Todos	¿Qué solicitas?
Florinda	Que escuchéis.
Julián	¡Ay, hija amada!
Florinda	No soy sino aborrecida,
	hija infeliz de la saña,
	aborto de la desdicha,
	embrión de la desgracia.
	Y, en fin, por decirlo todo, 700
	soy a quien llaman la Cava,
	que solo con decir esto
	para saber quién soy basta.
Tarif	¿Pues qué intentas?
Muza	¿Qué pretendes?
Julián	¿Qué hacer quieres?
Teodomiro	¿Pues qué tratas?
Florinda	Oídme todos atentos,
	y suspendan mis palabras
	el vuelo a las aves bellas,
	el curso a la antorcha sacra,
	el rumbo a las once esferas, 710
	y, en fin, flores, fieras, plantas
	oigan el rumbo que tomo
	por premio de mi desgracia,
	aunque primero es razón

119

el exponeros la causa:
yo soy la que combatida
de mi altivez, y la vana
fantasía de mirarme
de Rodrigo despreciada,
sin ley, sin Dios, y sin mí,   720
incitando a mi venganza
a mi padre, fui motivo
de que padezca mi patria;
que la cristiandad delire,
que padezca toda España;
y, en fin, ¿para qué me canso
cuando las edades largas
dirán, mejor que no yo,
los daños de que fui causa?
Y así, pues que sin remedio   730
me veo en tanta desgracia,
y que clama al cielo en voces
tanta sangre derramada,
por no escuchar sus lamentos
que el corazón me traspasan,
la conciencia que me acusa,
el discurso que me mata
y el ahogo que me oprime,
determino, despechada,
huyendo de vuestra vista,   740
el que los montes me valgan;
huéspeda de sus desiertos,
habitaré las montañas;
comunicaré con fieras,
serán mi manjar las plantas,
hasta ver si la fortuna
el curso a su rueda para;
y no me sigáis, porque

daréis despecho a mi rabia,
a mis furores aumento, 750
y estímulo a mi arrogancia;
porque vean las estrellas,
los signos y esferas altas,
que éste es el premio que logran,
los galardones que alcanzan,
acciones que se dirigen
contra el cielo, ley y patria.

(Vase.)

Tarif   ¡Qué tragedia!

Teodomiro   ¡Qué dolor!

Muza   ¡Ay, belleza desdichada!

Julián   Hija, espera, y tu furor 760
               temple conmigo sus ansias,
               hasta que tiempo y fortuna
               alienten mis esperanzas.

(Vase.)

Tarif   ¡Raro suceso!

Teodomiro   ¡Admirable!

Tarif   Lo que salvar ahora falta,
               no es posible reducirlo
               a esta obra tan limitada;
               pero lo más reparable
               es que la reina Eliata,

pretendida de Mahometo, 770
lo redujo a ley contraria
para casarse con él,
y acabaron en las llamas,
sacrificados los dos,
predicando la fe santa;
y del rey no se halla historia
que nos diga en lo que para;
al obispo hizo matar,
yendo con una embajada
don Pelayo, providencia 780
a nosotros reservada;
conque solo lo que resta
es ofrecer a las plantas
de tan benigno auditorio
la comedia celebrada
de El Alba y el Sol, que es
segunda parte, si alcanzan

Todos   indulto los yerros de ésta,
que pedimos a esas plantas.

Fin

Libros a la carta

A la carta es un servicio especializado para
empresas,
librerías,
bibliotecas,
editoriales
y centros de enseñanza;
y permite confeccionar libros que, por su formato y concepción, sirven a los propósitos más específicos de estas instituciones.

Las empresas nos encargan ediciones personalizadas para marketing editorial o para regalos institucionales. Y los interesados solicitan, a título personal, ediciones antiguas, o no disponibles en el mercado; y las acompañan con notas y comentarios críticos.

Las ediciones tienen como apoyo un libro de estilo con todo tipo de referencias sobre los criterios de tratamiento tipográfico aplicados a nuestros libros que puede ser consultado en Linkgua-ediciones.com.

Linkgua edita por encargo diferentes versiones de una misma obra con distintos tratamientos ortotipográficos (actualizaciones de carácter divulgativo de un clásico, o versiones estrictamente fieles a la edición original de referencia). Este servicio de ediciones a la carta le permitirá, si usted se dedica a la enseñanza, tener una forma de hacer pública su interpretación de un texto y, sobre una versión digitalizada «base», usted podrá introducir interpretaciones del texto fuente. Es un tópico que los profesores denuncien en clase los desmanes de una edición, o vayan comentando errores de interpretación de un texto y esta es una solución útil a esa necesidad del mundo académico.

Asimismo publicamos de manera sistemática, en un mismo catálogo, tesis doctorales y actas de congresos académicos, que son distribuidas a través de nuestra Web.

El servicio de «libros a la carta» funciona de dos formas.

1. Tenemos un fondo de libros digitalizados que usted puede personalizar en tiradas de al menos cinco ejemplares. Estas personalizaciones pueden ser de todo tipo: añadir notas de clase para uso de un grupo de estudiantes, introducir logos corporativos para uso con fines de marketing empresarial, etc. etc.

2. Buscamos libros descatalogados de otras editoriales y los reeditamos en tiradas cortas a petición de un cliente.